SUGARBERG
BEAST-YEAST
BOTTOMLESS HOLE
DRAGONGRAVEYARD
WISH TREE
CRISPIA
JELLYFISH
OCEAN
DRAGON'S VALLEY
CITY OF WIZARDS

쿠키런 킹덤

13 하늘에 떠 있는 성

글 김강현 그림 김기수

글 김강현

종합학습만화지 〈보물섬〉에 수리과학 만화 〈홈즈VS루팡 수학대전〉과 예체능 만화 〈파이팅 야구왕〉을 연재했습니다. 저서로는 〈라바 에코툰〉, 〈코믹 드래곤 플라이트〉, 〈쿠키런 서바이벌 대작전〉, 〈신비아파트 한자 귀신〉, 〈잠뜰TV 픽셀리 초능력 히어로즈〉 등이 있습니다. 어린이들이 만화를 통해 상상력과 창의력을 키울 수 있도록 끊임없이 연구하며 글을 쓰고 있답니다.

그림 김기수

학습만화 단행본 〈코믹 귀혼〉, 〈카트라이더 수학 배틀〉, 〈테일즈런너 바다 생물 편〉, 〈코믹 서유기전〉, 〈마법천자문 영문법원정대〉, 〈메이플 매쓰〉, 〈쿠키런 서바이벌 대작전〉, 〈신비아파트 한자 귀신〉 등 어린이 학습만화를 그리고 있습니다. 어린이들이 즐겁고 재미있게 공부하고 꿈을 키울 수 있도록 멋진 그림을 그리고 있답니다.

쿠키런 킹덤

캐릭터 소개

용감한 쿠키

기억을 잃고 달고나 마을에서 깨어난 쿠키.
과거의 기억을 찾고 어둠마녀 쿠키를
막기 위해 소울 잼을 찾으려 한다.

호밀맛 쿠키

강력한 호밀 쌍권총을 휘두르며 나쁜 짓을 일삼는
쿠키나 몬스터에게 정의의 호밀 총알을 쏘아 댄다.
용감한 쿠키와 용의 길에서 만나 동료가 된다.

커스터드 3세맛 쿠키

백성과 함께하는 위대한 왕이 되고 싶어하는 쿠키.
나중에 왕국을 만들어 용감한 쿠키와
호밀맛 쿠키를 장관에 임명시키고 싶어 한다.

뱀파이어맛 쿠키

항상 의욕없는 행동과 말로 용감한 쿠키 일행의
기운을 빠지게 하지만 중요한 순간에 제 역할을 한다.
연금술사인 동생을 무서워한다.

에스프레소맛 쿠키

전설의 각설탕을 찾으러 왔다가
용감한 쿠키의 일행이 된다. 아무도 기대하지 않은
의외의 마법 실력으로 일행을 놀라게 한다.

연금술사맛 쿠키

못 미더운 오빠 때문에 항상 걱정이 마를 날 없는
똑똑한 동생. 용감한 쿠키의 일행이 되어
어둠마녀 쿠키의 부활을 막으려 한다.

칠리맛 쿠키

마음에 드는 쿠키에게는 도움을 주고 싶어하는
의리 있는 도둑이다. 호밀맛 쿠키의 오해를 풀고
연금술사맛 쿠키의 친구가 되어
모험을 함께하게 된다.

블랙레이즌맛 쿠키

예전부터 마을을 지켜 왔다.
붉은 달이 떠오르기 시작하면서 마을의 평화가 깨지자,
붉은 달을 부숴 버리기 위해 서쪽으로 길을 떠난다.

차례

1화 붉은 달이 뜨다

치료사맛
쿠키라고요?
네.
아픈 쿠키들을
치료하는 게
제 일이에요.
혹시 제 친구를
보셨….
아…!
눈이 안 보이시는 것
같은데, 친구들을
봤냐고 물어보는 건
실례겠지….
저런~! 얼굴에
상처가 있네요!
치료를 해야겠어요.
!
붕대 너머로
보는 건가?

슥슥
이렇게 약을 바르고….
붕대를 감으면 치료 끝이죠.
슥삭
슥삭
아…. 역시 안 보이나 봐.
저, 그건 돌인데요….
아하!
알고 있었습니다. 일단 돌에게 연습해 보고 쿠키를 치료하는 것이 제 치료 순서랍니다.
네에….
그렇군요.

어라? 신기하네요? 쿠키 님의 상처가 그새 사라졌어요.
아! 이건….
제가 원래 상처가 빨리 낫는 체질이거든요. 그런데….
앞이 보이세요?
아, 붕대 때문에 오해를 하셨군요. 이 붕대는 특수 붕대라 이렇게 칭칭 감아도 앞이 잘 보인답니다.
그런데 아까 친구들을 봤냐고 물어보려고 했죠?
앗, 네!
사실 여기를 지나고 있을 때 여섯 개의 빛나는 물체가 저 숲 너머로 떨어지는 걸 봤답니다.
여섯 개? 설마 친구들…?!
거, 거기가 어딘가요?

제가 안내해 드릴 테니 따라오시죠.
오! 감사합니다!
휙
쿵
보이는 거 맞나요?
비틀 비틀
그럼요! 이쪽이에요.
쿵
쿵
쿵
쿵
아….

여기예요!
이 마을로
떨어졌답니다.
이…,
이곳은…?!
휘이이이잉
비어 있는
마을 같아요.
그러네요.
전쟁이라도 있었는지
폐허가 된, 버려진
마을 같군요.

정말 친구들이
이곳에
떨어졌을까?
얘들아!
여기 있니?
나 용감한
쿠키야!
커스터드 3세맛 쿠키!
호밀맛 쿠키!
칠리맛
쿠키!
연금술사맛
쿠키-!
에스프레소맛
쿠키!
밤파이어맛
쿠키!
힐끔
어?
헉
누군가 우릴
보는 듯한 느낌이
들었는데….
촉이 좋은가
보군요.

제 친구들일지도
몰라요!
저쪽이에요.
탁
같이 가요!
두두두
앗!
?!

잠시 후
으으….
3단
케이크 마녀
무서워….
벌떡
뱀파이어맛 쿠키,
정신이 들어?
엇?
으아아악!
너희들!

우리 모두
그 무서운 곳에서
탈출한 거야?!
이야아!
살았다!
역시 난 대단해!
다친 곳도
하나 없네.
펄쩍
모두들
많이 다쳤었는데,
치료해 주셨어.
응? 누가
치료했는데?
연금술사맛
쿠키,
네가 했어?
나도 많이
다쳤었어.
접니다.
쓱
제가
여러분 모두를
치료했답니다.
왜냐하면,
전 치료사맛
쿠키니까요.
오….
가, 감사합니다.

다른 데는 다 치료했는데, 이가 부러져 뾰족해진 건 고치지 못했네요.
엥?
치과 자격증도 있는데, 금으로 때워 줄까요? 누구 금 갖고 있는 쿠키 없나요?
아니, 이건 부러진 게 아니라고요!
저분 치료사 맞아? 뭔가 이상해!
이상하긴! 우리를 치료해 주신 좋은 분이야.
용감한 쿠키, 머리에 혹이 났네요.
전 용감한 쿠키가 아닌데….
눈이 보이는지 안 보이는지는 의심스럽지만.
어쨌든 용감한 쿠키의 지팡이에 소울 잼이 들어가고 그 힘으로 3단 케이크 마녀를 공격한 순간부터 기억이 없어! 그때 대폭발이 일어나고 우린 여기로 왔나 봐.
그럼 소울 잼은 어디에 있는 거야?
나도 모르겠어. 지팡이는 원래대로 돌아왔고….

그런데 나…, 소울 잼 안에 있던 내 친구 퓨어바닐라 쿠키를 봤어! 3단 케이크 마녀를 물리친 힘은 아마 퓨어바닐라 쿠키의 마법 덕이었을 거야.
봉인이 깨져 부활한 퓨어바닐라 쿠키는 도대체 어디에 있는 걸까?
그렇다면 기억을 되찾은 건가요, 용감한 쿠키?
기억이 완전히 돌아온 건 아니지만 많은 부분이 생각났어.
난 벨벳케이크맛 쿠키랑 옛날에 만난 적 있어!
오! 역시 그랬군요.

마법 학당에서 유학을 마치고 고향으로 돌아갔다가 바닐라 왕국의 국왕이 된 퓨어바닐라 쿠키의 초청으로 이곳 대륙으로 왔고, 얼마 지나지 않아 어둠마녀 쿠키가 전쟁을 일으켰어.
난 어둠의 케이크 몬스터의 대군과 맞서 벨벳케이크맛 쿠키, 그리고 다른 영웅들과 힘을 합쳐 싸웠는데….

뭔가 이상한데? 벨벳케이크맛 쿠키는 어둠마녀 쿠키 편이잖아! 널 엄청 미워했는걸!
그러니까…. 왜 그렇게 됐는지는 기억이 잘 안 나.

그러면
넌 이곳의 쿠키가
아닌 거야?
네 고향은 어디야?
머나먼 곳….
나는 그곳에서….
!
조용.
누군가 우릴
훔쳐보고 있어.
뭐?
으아아!
설마… 3단
케, 케이크
마녀…?!
…….

파
팍
타앙
드, 들켰다!
도망….
확
탓

어딜 가려고?
어, 어떻게 벌써 여기에….
쿠키 같아 보이는데, 어둠마녀 쿠키가 보낸 첩자인가?
으어어어….
츄학
으아아! 살려 줘!!
폴짝
뭐?

어어?
이봐!
무슨
짓이야?
파
악
바둥
바둥
으아아!!
난
잡히기 싫어!
놔줘!
?!
추
욱
뭐야?
기절했잖아!!

흐음….
심각하군요.
제가 특효약을
갖고 있으니
걱정 마세요.
다행이에요.
치료사맛 쿠키 님,
이 쿠키는
왜 기절했나요?
어디가
아픈 거죠?
척
응?
찐빵?
빵이다!
슬
슬
슬
빵!!
빵!

벌떡
콱
특효약 맞죠?
이 쿠키는 배가
너무 고파 기절을
한 거였어요.
우걱
우걱 냠냠
으으….
모, 목 막혀!
여기
커피 드세요.
후아….
살겠다.
이런 폐허에서
도대체 뭐 하고
있었던 거예요?
커억

당신들…,
붉은 달에서 온
쿠키들 아니에요?
악마의 와플
병사들과
한패인 쿠키….
네?
그게 무슨….
우린 이 마을에
우연히
오게 됐어요.
아….
따콩
윽!
우리 친구를
놔줘!
나쁜 쿠키들
물러가라!
뭐야…? 쿠키가
또 있었어?
딱
딱
딱

애들아,
이 쿠키들은
붉은 달에서 온
쿠키들이 아니야!
척
내게 찐빵을
줬다고!
찐빵이라고?!
심지어
몇 개 더 있어!
우오오오!!
죄송해요!
괜히 오해해서
실수를 했네요.
쩝
쩝
여러분은 이 마을에
사는 거예요?
우걱 우걱
이런 폐허에서
어떻게
살고 있어요?

원래부터 이런 마을은 아니었어요. 저 붉은 달이 나타나기 전까지는 무척 평화롭고 살기 좋은 마을이었답니다.
도대체 붉은 달이 뭐예요? 아까 무슨 와플이라고 한 것 같은데 그건 또 뭐고….
그건….
잠깐! 그걸 말해 줘도 되는 거야?
블랙레이즌맛 쿠키가 다른 쿠키는 절대 믿지 말라고 했잖아.
붉은 달의 로봇들은 쿠키로도 변신을 할 수 있다고 했어.
그렇지만….

이분들은 우리에게 빵을 줬잖아! 먹을 것을 나눠 준 쿠키들이 나쁜 쿠키일 리 없어!
맞습니다! 전 제가 갖고 있는 빵을 여러분께 전부 드렸지요.
그러니까 붉은 달이 뭔지 얘기해 주….
아!
달이 떴어요!
깜짝!
어? 진짜네요.

이상해요! 달이 너무 붉어요. 게다가 평소 보던 달보다 훨씬 큰데요?
그리고 달이 서서히 떠오르지 않고 갑자기 나타난 것 같아요.
으아…. 으아아아….
으어어….
도, 도망쳐요!
달아나…! 모두 숨어요!
다다다
저기요!

왜 저러는 거야?
어…?
다다다
저기 달에서 뭔가가 날아오는 것 같아.
응?

위이이잉
저, 저게
뭐야?!
번쩍

콰
콰
쾅
으아아!
윽!
왜 다짜고짜
공격이야!
받아라!
척 봐도
엄청 강해 보이는데,
네 호밀씨앗 총알로
상대가 되겠어?
이건
엄청 단단한
대추씨앗
총알이야!
탕
탕
탕
탕

투다다다
투다다다
뿌드드드
파지직
쿵
엥? 뭐야,
되게 약하잖아?!
파직
파직
으아아악!
팍
사, 살려
주세요…!!

2화 와플로봇의 공격

우아아아앙!
파아아아
안 돼!!
밤파이어맛 쿠키 오빠!
오빤 날 수 있잖아!
빨리 가서 구해!
엥? 내, 내가?
어떻게 그런….
날 수
있다고요?
그게…
날 수는
있는데….
그렇다면 제가
도와드리죠.
뭘 어떻게
도우시려고?
척

끼아아아!!
휘
익
퍽
꽥!!

으아아악!
떨어진다…!
촤
아
커피마법
방어진!
콰
아
바양
방
와우!
오오~.

못된 로봇들!
이거나 먹어라!
척
팡팡
폭탄주스 물약!
파아
콰콰쾅
삐빅-
삑삑-
와플로봇들은
귀환하라.
귀환
명령이다.

슈오오오
휘잉
앗! 저것들이 달로 돌아간다!
달이 산 너머로 빠르게 지고 있어!
우와~! 여러분 정말 대단해요!
도대체 뭐야? 왜 여기에 와서 쿠키들을 납치하는 거지?
고, 고마습니다….
그래도 일단 돌아갔으니 다행이야.

앗…!
여기 한 녀석이
남아 있어요!
푸득
푸득
내가
대추씨앗 총알로
쓰러뜨린
로봇이잖아!
로봇치고는
이상하게 생겼군.
이걸 분해하면
뭔가 알아낼
수 있지
않을까?
치지
직
어?
뭐야?
설마
자폭 기능이
있는 건가?
지직.
지직.
자폭?!

재밌는 쿠키들이 마을에 왔군.
무료하고 지루했던 바닐라 왕국에 새로운 흥밋거리가 생겼어.
깜짝!
기다려라! 곧 다시 만나게 될 테니.
파직
파직
잠깐! 지금 뭐라고 했어? 바닐라…?
파지지지직

콰쾅
으악!
용감한 쿠키!!
이런…!
용감한 쿠키, 다친 데 없어?
으응….
다행히 폭발이 심하진 않아서 괜찮아.
안 괜찮아 보여. 얼굴이 다 탔는걸!
불에 탄 쿠키에는 이 생크림 연고가 특효….
쭉
그새 다 나았군요.
아….
용감한 쿠키 같은 쿠키만 있다면 치료사들은 전부 일자리를 잃겠어요.

그나저나 뜬금없이 '바닐라 왕국'이 왜 나와?
바닐라 왕국이라면 그 고대에 멸망한 왕국 얘기잖아.
맞아! 내 친구 퓨어바닐라 쿠키가 왕으로 있던 고대의 마법 국가야.
수천 년 전 이미 사라진 왕국의 이름을 이런 마을에서 듣게 되리라고는….
우연의 일치 아닐까? 기지 이름이 그냥 '바닐라'라거나….
…….
마을 쿠키 여러분! 우리가 저 이상한 로봇들과 한패가 아니란 걸 알았으니, 이제 속 시원히 얘기해 주세요.
…….
이 마을에 무슨 일이 있었던 거예요?

그러니까….
평화롭던 우리 마을에
저 붉은 달이 뜨면서부터
모든 일이 시작됐어요.
오늘따라
유난히 달이 붉고
크다~.

그 달에서 아까 봤던
로봇들이 나오더니
마을을 파괴하고 쿠키들을
마구 잡아갔답니다.

그 후로 우리는 로봇들을 피해, 폐허가 된 마을 여기저기에 숨어 살았어요….
쿠키들이 보이지 않는다.
쿠키를 찾아라.
뚜
뚜
뚜
뚜
뚜
뚜
그러자 저 붉은 달에선 더 무서운 계략을 꾸몄지요.
!
저, 저건 납치된 방앗간집막내딸맛 쿠키잖아!
어떻게 돌아왔지?

방앗간집막내딸맛 쿠키!
어떻게 돌아온 거야?
몸은 괜찮아?
여긴 위험해!
언제 로봇들이
나타날지 몰라.
후다닥
일단 숨자!
따라와.
어?
왜 웃어…?
씨익
잡았…다!
씨익

촤악
콰
으아아악!
콰

가자!
붉은 달이 있는
곳으로…!
끼아악!!
콰아

파닥
파드득
이건 또 뭐야?
파드득
자, 잠깐…! 저 까마귀는 설마…?
쐐
앵
건포도 까마귀…?

에잇!
이 까만 새가
귀찮게!
팍
부
웅
!

파
콰
광

퍼
펑
착

대체 무슨 일이
있었던 거야? 마을은
왜 이렇게 변했어?
저건 또 뭐고?
블랙레이즌맛
쿠키…!
으아앙…!
지금 오면
어떡해!!
블랙레이즌맛
쿠키…?
그건 누구?
블랙레이즌맛
쿠키는
우리 마을의
쿠키예요.
우리 마을의
파수꾼이자,
수호자 같은 쿠키죠.

원래 이곳은 척박한 곳이었어요. 해마다 계속되는 흉년으로 먹고 살기도 힘든데 떼도적들까지 들끓어 정말 살기 힘들었죠.
그런 마을을 지켜 낸 영웅이 바로 블랙레이즌맛 쿠키예요.

블랙레이즌맛 쿠키는 혼자서 마을을 지키다 한쪽 팔도 잃었답니다.
다리 하나가 없는 건포도 까마귀와 항상 함께 다니며 온갖 궂은일을 도맡아 했고….

덕분에 마을은 점점 살기 좋아졌어요. 떼도적들도 다 사라지고 드디어 평화가 찾아온 거죠.
이제 우리 마을은 나 없어도 괜찮을 것 같아.
그래서 말인데…. 난 좀 더 넓은 세상으로 가고 싶어! 더 강해져서 돌아올게! 나중에 떼도적들보다 더 강한 적이 나타나도 물리칠 수 있도록 말이야. 그때까지 마을을 잘 부탁한다.
블랙레이즌맛 쿠키….
그렇게 떠났던 블랙레이즌맛 쿠키가 다시 돌아와서 본 마을은 이런 모습이었죠…. 그래서 엄청 괴로워했어요.
마을이 이렇게 된 게 자기 탓이라고 자책했죠.
저런….

그리고
붉은 달에서 나오는 로봇들이
마을 쿠키들을 잡아갔다는
얘기를 듣고, 붉은 달로 가서
쿠키들을 구하겠다며
며칠 전에 마을을
떠났어요.
모두 꼭꼭 숨어 있어!
내가 돌아올 때까지
누구도 믿어선
안 돼!
로봇들은
쿠키로 변장까지
하니 말이야.
흑흑…. 가지 마.
무서워….

반드시
모두를 구하고
저 붉은 달을
부숴 버리겠어!!
겨우 찾은 평화를
망친 자들을 절대
용서할 수 없어!

블랙레이즌맛 쿠키는 붉은 달까지 어떻게 가려고 했는데요?
저 달은 진짜 달이 아니고 무슨 기지 같은 거라고 했어요.
로봇들은 항상 같은 방향으로 사라지니까 달이 지는 방향인 서쪽 산 너머에 가면 분명 달로 갈 수 있는 방법이 있을 거라고 했죠.
아! 그럴 수 있겠네요.
그럼 우리도 블랙레이즌맛 쿠키가 간 쪽으로 가 보자!
달의 정체를 알아내고 블랙레이즌맛 쿠키를 도와 쿠키들을 구할 수 있도록 말이야!
블랙레이즌맛 쿠키가 떠난 지는 얼마나 됐어요?
3일 됐어요.
그렇다면 블랙레이즌맛 쿠키는 아직 달에 가는 방법을 찾지 못했을 거야. 그러니까 오늘 또 달이 나타난 거지.

혹시 그 쿠키도 로봇한테 잡혀가 버린 거 아냐?
무슨 근거로?
아니에요!
그럴 리 없어요!
블랙레이즌맛 쿠키는 세상에서 제일 강하다고요.
예예, 그렇다고 합시다.
그래서 너희들도 저 산을 넘어 가겠다는 거지?
그렇다면….
오빠는 안 가겠다~, 이거지?
엉? 내 마음을 어떻게….
게으른 오빠가 저 높은 산을 가겠다고 할 리가 없지.
난 이 마을에 남아 마을 쿠키들을 보호해야 될 것 같아서 그런 거야.
괜찮아요. 우린 숨어 있으면 돼요.
딱히….
괜찮지 않아! 당신들에게는 내가 필요하다고!

그리하여 달이 지는 서쪽 산을 향해 길을 떠나게 된 용감한 쿠키와 일행들.
오빠도 잘 숨어 있어.
오…. 이 산은 굉장히 험한 바위산이네.
모두들 조심해. 너무 위험하다.

잇차
저기…, 왕관 쓴 쿠키?
아, 저는 커스터드 3세맛 쿠키라고 해요.
커스터드 3세맛 쿠키…. 힘들면 쉬자고 얘기해요.
네…? 아니에요! 저 힘들지 않아요.
커스터드 3세맛 쿠키의 발에서 시럽이 배어 나오고 있어요! 발 다친 거 맞죠?
!
상당히 아플 텐데…. 제가 다른 쿠키들에게 얘기할까요?
그, 그런 건 또 잘 보이시나 봐요.
아, 아니요!
부탁인데, 친구들한테는 아무 말도 하지 말아 주세요.
왜요?

저는 능력도 없고,
힘도 없고….
지금까지 모험하면서
친구들에게 폐만
끼쳐 왔어요.
그래서
이 정도 일로
친구들을 걱정시키고
싶지 않아요.
무엇보다
정말 별로
안 아파요!
콱
끼아아아악!
어?
뭐야?
커스터드
3세맛 쿠키!
왜 그래?
아, 아니야!
바퀴벌레가
나왔어!
참, 나.
무슨 벌레 때문에
그렇게 소리를
지르냐.

치, 치료사맛
쿠키 님!
아픈 거
맞네요.
이렇게 지팡이로
찍으면 아무리 멀쩡한
쿠키라도 아프다고요.
그럼 내가
아주 간단한
치료를
해 줄게요.
네?!
슥
슥
어라라? 세상에,
하나도 안 아파요!
어떻게 한 거예요?
이제
뒤처지지 말고
빨리 가죠.
네!
고맙습니다.
어? 얘들아,
안 가고 뭐 해?
다다다

저기 봐!
까마귀가
하늘 위를 계속
빙빙 돌고 있어!
빙글
빙글
휭
휭

3화 돌아온 블랙레이즌맛 쿠키

까마귀는 원래 저렇게 하늘을 빙빙 돌아. 뭐 먹이라도 있나 보네.
그래?
……
얘들아, 가자!
…어?
웬일로 커스터드 3세맛 쿠키가 앞장서네?
!

휘이잉
파악
차아
우앗!
엇?
까마귀가 내 지팡이를 물고 갔어!
까마귀야 거기 서!
아이고, 저런!

휘잉
으아아! 안 돼!
저기 저 높은 절벽 위로 가져갔어!
까마귀야! 그건 먹이가 아니야!
어떻게 하지! 큰일 났네.
…….
잠깐만요. 아까 마을 쿠키가 까마귀에 대해 이야기하지 않았나요?
앗! 그, 그러고 보니….
블랙레이즌맛 쿠키가 까마귀를 데리고 다닌다고 했어!
다리가 하나뿐인 까마귀라고 했는데…. 혹시 저 까마귀 다리 봤어?
못 봤어!

저기 봐! 까마귀가 절벽에서 우릴 내려다보고 있어.
슥
엥? 뭐야?
폴짝
점프를 한다고…?
…….
봐, 봤어?
응…. 우리 보라고 일부러 한 것 같은데….
다리가 하나였어요.
그렇다면 역시 블랙레이즌맛 쿠키의 까마귀일까?

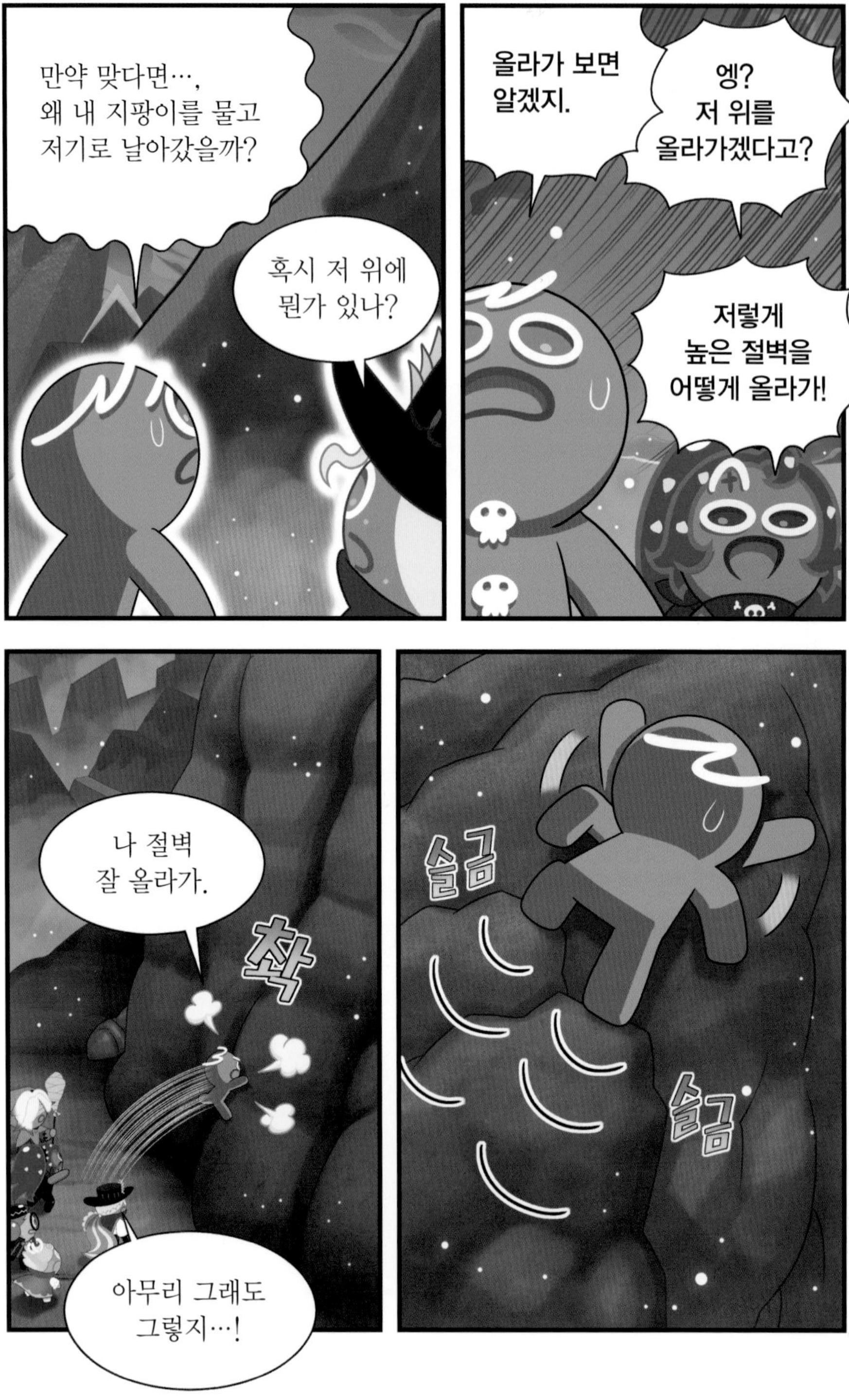

만약 맞다면…,
왜 내 지팡이를 물고
저기로 날아갔을까?
혹시 저 위에
뭔가 있나?
올라가 보면
알겠지.
엥?
저 위를
올라가겠다고?
저렇게
높은 절벽을
어떻게 올라가!
나 절벽
잘 올라가.
착
아무리 그래도
그렇지…!
슬금
슬금

오~! 진짜
잘 올라가네요.
하긴 처음
만났을 때도
세상에서 가장
높은 절벽을
기어 올라가고
있었지~!
까마귀야!
너 왜
내 지팡이를….
어?

어어?
서, 설마
블랙레이즌맛
쿠키?

저기요!
안녕하세요.
전 용감한 쿠키….
아니, 지금
인사할 때가
아니지.
확
이봐요!
정신 차려 봐요!

어, 어쩌지?
심하게
다친 것 같아.
어쩌다
이런 곳에….
어떻게 하지?!
용감한 쿠키!
거기서 뭐 하는데
안 내려오는 거야?!
지팡이
찾았어?
에스프레소맛
쿠키—!
왜요
용감한 쿠키?
뛰어내릴 테니
마법 방어막을
만들어 받아 줄
있어요?
네?!
아…,
물론이죠.

그럼 갑니다!
네!
도대체 무슨 일이지?
이야아아압!!
파
앗

엥?
뭐, 뭐야?
내려올 땐
왜 둘인 거야?!
으앗!
커피마법
방어진!!
콰
아
파
앙

이런….
부상이 아주
심각하네요.
아주 높은 곳에서
떨어진 것
같습니다.
네? 그게
말이 되나요?
이 쿠키가 있던 곳이
근방에서
가장 높은 곳인데
어디서 떨어져요?
그러네….

어쨌든 추락으로 온몸에 금이 갔어요. 이대로 두면 위험합니다.
치료사맛 쿠키 님은 고칠 수 있죠? 제 발도 고쳐 주셨잖아요.
응? 발…?
이 정도 심각한 부상은 의술로는 고칠 수 없어요….
까마귀야, 울지 말거라.
깍깍
까아악
의술로 고칠 수 없다면 다른 방법을 쓰면 되니까.
네? 치료하는데 의술이 아니면 무슨 방법을 쓰나요?

모두 자리를 좀 피해 주시겠어요?
누구도 제가 하는 것을 보지 않았으면 하는데요.
네…. 원하신다면.
저쪽으로 가 있자.
고마워요.
자, 그럼….
…….
까마귀 군! 너도 저쪽 가서 눈 가리고 있어요.
!

추 우우욱
척
귀여운
까마귀네.
눈 가리랬다고
가리는 거 봐.
말도 잘 듣고.
착하네~.

우웅
웅
웅
파
아
아

도대체 어떤 치료를 하길래 아무도 못 보게 하는 걸까?
글쎄….
난 치료사맛 쿠키 님을 믿어! 잘하실 거야.
이제 모두 오셔도 됩니다!
깜짝!
치료는 다 끝났습니다.
우와아아!
으으…. 어떻게 된 거지…?

네?
그럴 수가…!
여러분이
우리 마을 쿠키들을
도와주셨다고요!
저희도
마을 쿠키들에게
도움을 받았어요.
저까지
치료해 주셨는데
이 은혜를
어찌 갚아야 할지….
까마귀에게
고마워하세요!
만약 까마귀가
용감한 쿠키의
지팡이를 가져가지
않았다면, 우린 당신이
절벽 위에 있는지도
몰랐을 거예요.
아! 지팡이!
저 위에
놓고 왔는데!
또
올라가야
되나?!

휘잉
푸드드득
아하!
고마워~.
블랙레이즌맛 쿠키! 어쩌다 저런 바위 위에 올라가게 된 거예요?
올라간 게 아니고 떨어진 겁니다.
전 마을을 떠나 붉은 달이 지는 서쪽으로 계속 걸어갔어요.

그러다 마침내
붉은 달이
떠 있는 곳에
다다랐죠.

가까워 보이지만
저 달은 분명
오를 수 없을 만큼
높은 곳에 있어.
무슨 방법이
없을까?
건포도 까마귀야,
날 들고 저기까지
날아갈 수 있겠니?
그냥 해 본
소리야.
깍
깍
자, 잠깐!
너 혼자라도
가 보겠다고?
위험해!
파
아
파
지
직
축
욱
앗!

이런!
괜찮아?
치직
치직
저 달 주위에
방어막 같은 게
쳐져 있나 보군….
그럼 어떻게
드나드는 걸까?
부우우웅
어?
치
이
잉

어느 순간 하늘에 이상한 공간이 열리더니 그 안에서 로봇들이 나왔어요.
아니, 저것들이 분리수거도 안 하고 막 버리네?
그러더니 쓰레기를 버리고 다시 돌아갔죠.
휙휙
저 열린 공간이 달로 통하는 문이었어! 하지만 이해가 잘 안 돼…. 마법 같은 건가? 기계가 마법을…?
어쨌든 저 문으로 들어가면 달로 갈 수 있는 거겠지?
좋았어….

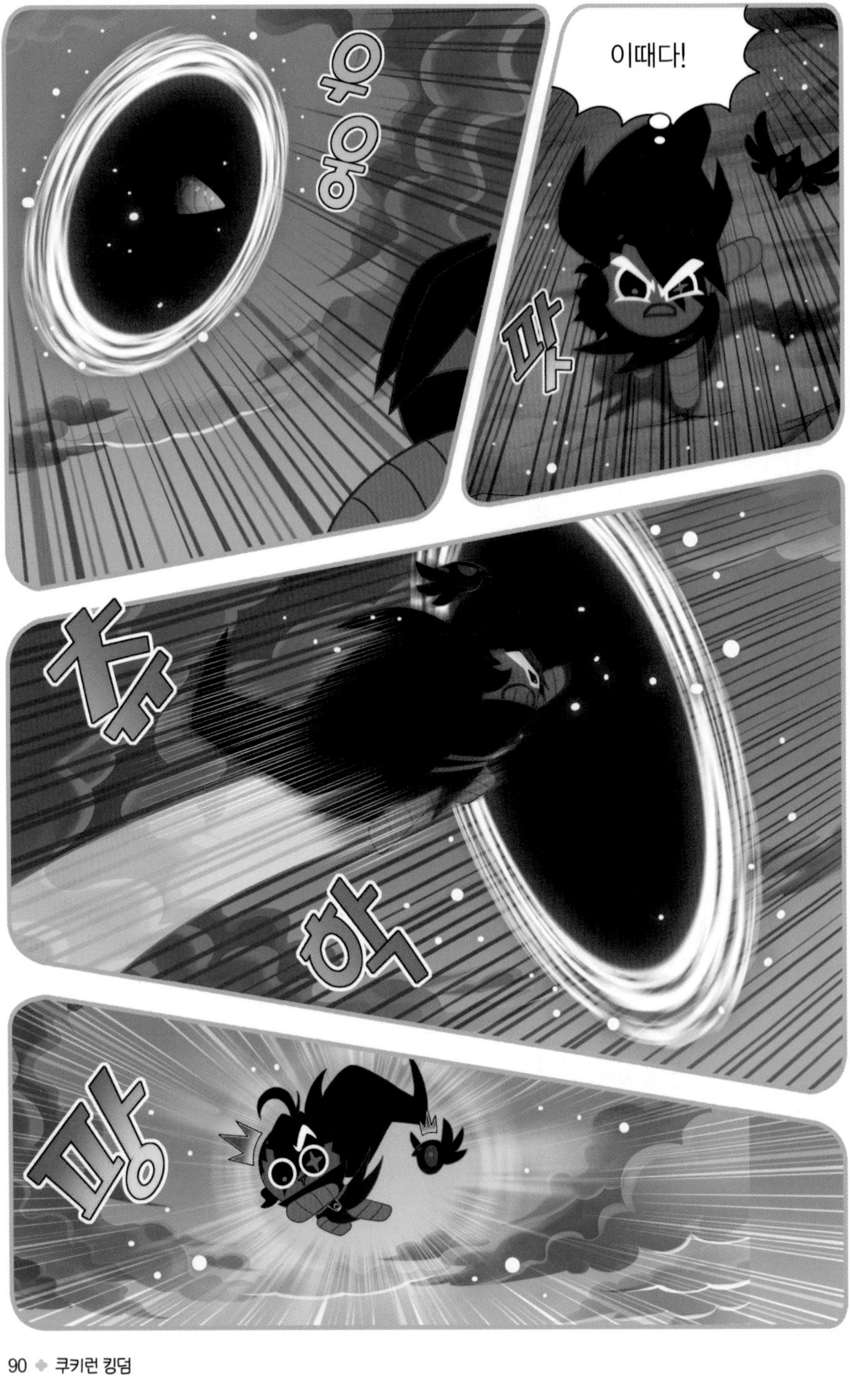
우웅
이때다!
팍
촤
학
파앙

헐…
어엇…?!
촤
아
아
아
으아아아악!!

그렇게 저 절벽 위로 추락하게 된 겁니다.
어째서 그런 곳으로 떨어진 걸까요?
다른 로봇들은 달로 갔는데 블랙레이즌맛 쿠키만….
그 포털은 로봇만 통과시키는 건가?
…쿠키는 통과할 수 없다고?
여러분도 붉은 달로 가는 거라면 제가 안내해 드리죠.
!
바로 저쪽입니다.
척
오!
우와!!

와아~!
달이다….
이렇게 가깝게
보이다니….

가까이서 보니 알겠네요!
저건 진짜 달이 아니에요.
엥?
그걸
어떻게 알아?

일단 달은 저렇게
작지 않아요.
어? 엄청
큰데?
진짜 달은
우리 행성의 4분의 1
정도라고요.

게다가 달이 저 높이에 떠 있으면 인력의 영향으로 우린 다 저 달로 끌려 올라갈 거라고요.
그러니까 기지 모양을 달처럼 만든 게 분명해요!
그럼, 저곳에 들어갈 수 있는 방법이 있을까?
앗! 모두들 숨어요!
?!
포털이 또 열렸어요!
슈
슈
슈
슈
슈

4화 달로 가는 방법

파아
푸아 !!!
지금 덮쳐 버릴까?
그랬다가 저 포털이 닫히면 달로 갈 방법이 없어질지도 몰라요.
저것 봐! 쓰레기만 버리고 바로 다시 들어갔어.
슈
슉

도대체
뭘 버리고 갔는지
좀 보자.
로봇이
쓰레기 버릴
일이 뭐가
있겠어?
다다 다
어라?
이건….
다 쓴 칫솔?
코 푼 휴지,
음식물 쓰레기?!
이건 쿠키들이
살다 보면 나오는
생활 쓰레기잖아!
그렇다면….
잡혀 간 마을 쿠키들이
문제없이 잘 지내고
있다는 걸로
생각해도 되겠지?
그래도 될 것 같아!
적어도 모두 무사하다는
증거 아닐까?

다음에
로봇이 또 나올 때
실험을 해 보자!
어떻게?
포털 안으로
뭐든 던져서
어디에 떨어지는지
살펴봐야지.
몇 시간 후….
조용…
언제 또 열리는 거야?
이렇게 하염없이
기다리기만
해야 하나?
쓰레기가 자주
안 생기나 봐….
지잉
앗! 포털이
열렸어!!
오오….
로봇이
하나만 나왔다.

뭐야? 흙 같은 걸 파고 있어.
가져가려나 봐요.
지금이야! 포털 안으로 돌을 던져 보자.
내가 던질게.
슥
휘익
오! 시속 100km 고속 슬라이더!
팟
딱콩
으앗…! 네 머리 위에 돌이 떨어졌어! 괜찮아, 용감한 쿠키?
괜찮아…, 괜찮아….

블랙레이즌맛 쿠키가 떨어진 곳이 아니라 용감한 쿠키 머리 위로 나오다니…. 저 포털로 들어가는 곳과 나오는 곳이 딱 정해진 건 아닌가 봐.
…….
아마도 암호 코드가 필요할 겁니다.
…네?
다 나았음.
저 포털은 암호 코드를 가진 자만 드나들 수 있고, 그 외에는 다른 공간으로 이송시켜 버리는 겁니다.
저 기술은 고대에 과학과 마법이 융합되어 창조된 마공학 테크놀로지예요. 저 로봇들도 마공학으로 만들어진 것 같습니다.

…….
치료사맛 쿠키 님이 그런 건 어떻게 아세요?
아….
멋지다!
치료하느라 대륙을 떠돌며 귀동냥으로 알게 된 거랍니다.
그런 걸 귀동냥으로요? 도대체 어떤 쿠키들을 치료하셨길래….
그럼 혹시 저 포털을 통과할 수 있는 방법도 아시나요?
으음…. 그건….
암호 코드를 갖고 있는 물체나 쿠키와 물리적으로 연결이 되어 있으면 같이 들어갈 수 있을 겁니다.
가령, 저 로봇과 손을 잡고 들어간다든가….

그게 될 리가 없잖아요….
로봇을 때려눕힌 후 들고 들어가면 되겠네.
로봇이 뭔가 이상함을 감지하면 바로 포털을 닫아 버릴 겁니다. 그러면 영영 들어갈 수 없게 되겠죠.
아….
닿아 있기만 하면 되는 건가요? 실 같이 얇은 것이라도 상관없는 거죠?
그럴 겁니다.
뭔가 좋은 수가 있나요?
네! 바로 이것!!
쭉쭉 늘어나는 콩 젤리!
젤리라고?

붙여 놓고 늘리면 한도 끝도 없이 늘어나지요! 제가 한 3km까지 늘려 봤는데, 끊어지지 않더라고요.
좌악
와! 이젠 별걸 다 만드는구나.
이 젤리를 로봇 몸에 어떻게 붙이지?
가까이 가면 들킬 테고….
척
응?
자기한테 맡겨 보라네요.
까마귀, 네가 할 수 있겠어?
앗! 로봇이 갑자기 포털로 들어갔어!
뭐라고?!

우리가
있다는 걸
눈치챘나?
앗!
저, 저기 봐!
쓩
고오오오
달이
움직이고 있어!
쇼아앙
동쪽으로
가고 있잖아!
설마 마을을
습격하러
가는 걸까?!

마을 쿠키들에게
잘 숨어 있으라고
했지만, 무슨 일이
생길지도 몰라!
당장
가 봐야겠어!
블랙레이즌맛 쿠키!
지금 가 봤자
내일 아침에나
도착할 거예요.
아…,
하지만!
깍 깍 깍
깍 깍
뭐?
뭐라고?
네가 가서
정찰을 하고
오겠다고?
안 돼! 혼자서는
위험해!
까각 깍 각 깍깍
오!
까마귀와
대화가
되는구나.

친구들과 같이 가겠다고?
제 귀엔 깍깍만 들렸는데 그게 그런 소리였어요?
휘오오오
까아아아
슈유유

파아아아
우와!
친구들이 잔뜩
몰려왔어.
푸드드드드
까마귀
되게 크다!
멋져!

부탁해!
잘 다녀와!
파아아
슈아아아
우웅
웅
웅
우웅

끼아악! 우리가
숨어 있는 데를
어떻게 알았지?
콰광
내가 여기 쿠키들을
보호해 준다고
큰소리쳤는데….
하지만
난 나 자신을
너무 잘 알아.
내가 뭘 할 수
있겠어!
나라도 살아야지!
도망가자….
팟
덕
어이쿠.

꺅!
앗!
데굴
데굴
쿵
아! 뱀파이어맛 쿠키 님!
저를 위해서 대신
로봇에게 잡히시다니!
어억!
이게
아닌데…!
뱀파이어맛
쿠키 님을
놔줘!
차라리
나를 데려가!

밤파이어맛
쿠키 님은
우리 마을을
지켜 주려는
영웅이셔!
나 대신
잡혀가면 안 돼!
여…
영웅…?
내,
내가…?!
약한 쿠키들끼리
서로 위해 주는 척
하다니 어이없군.
걱정 마라.
한 놈도 남김없이
다 잡아갈 테니.

너… 고작
로봇인 주제에….
뿌우우
쿠키를
깔보지 마라!
뭐,
뭐냐?
번
쩍
?!

크
아
아
아

으아아아…!
자기가 가장 놀랐음.

이, 이게
그레이트 블랙
박쥐의 힘인가?
굉장하잖아!
어서
돌아가자!
이런 건
예상하지 못한
사건이다.
어딜 가?
끼악.
크윽.
콱

파바박
끄아아아!!
어쭈!

빠
각

콰아아아

츄학
바앙

콰아아아아
빠직!
콰앙

콰앙
끼얏호!
내가 붉은 달을
맞췄다!
좋아! 이대로
내가 저기까지
날아가서
달이고 뭐고
다 끝장을 내 주마!
간닷!
파앗

스스스
응?
팡
뭐야….
작아졌네.
이거 효과가
몇 분밖에
안 가는구만….
우와!!
우와~.
오잉…?
진짜
공장해요.
영웅 중에
슈퍼 영웅이에요!
와아
와
뱀파이어맛
쿠키 만세!!

까마귀들이
왜 안 오지?
벌떡
역시 내가
가 봤어야
하는데….
지금이라도
가야겠어!
저기 오고
있네요.
엇?
아!
건포도 까마귀!
파닥

꺄까라깍깍
깍깍.
깍깍
깍가각꾸까
가쿠카라차
카까까.
아니, 뭐라고?
진짜? 어떻게
그럴 수가…!
꼬까깍.
제발 누가
까마귀어
해석 좀….
해석 후….
뱀파이어맛 쿠키가
그랬다고?!
아하~.
오빠에게 들어 있는
그레이트 블랙
박쥐의 힘이 드디어
발휘되었나 보군요.
그 정도면
혼자 힘으로 저 달을
때려 부술 수 있겠는데?
아~. 그 힘은
길어야 1분 남짓
쓸 수 있을 거예요.
거대화에는
엄청난 에너지가
들거든요.

한번 변신하면
3일은 누워만 있어야
할 테고요.
아이고,
힘들어~!
으아!
영웅 쿠키께서
갑자기
쓰러지셨어.
저기
달이 오고
있어요!
!
휘청
휘청
비틀
비틀

달에는 방어막이 쳐져 있다면서 저건 도대체 어떻게 된 거지?
아무리 방어막이래도 건물을 막을 정도는 아니었던 거죠.
다…, 달이 비틀거리고 있어!
저대로 추락하는 건 아닐까?
지이이잉
앗! 포털이 생겨났다!
콰콰콰
로봇들이 나오고 있어. 엄청 많아…!

저 로봇들 중 하나에 이 젤리를 붙여야 해요!
젤리를 당겨 땅에 붙여 놓고….
쭈욱
이 끝을 붙이면 되는 거지?
깍!
깍!
이걸 달라고?
파
파아아

5화 바닐라 왕국 등장?!

콰아아
파
파
파
에잇! 지나가는 까마귀 떼인가 보군!
휘잉
귀찮다! 저리 가라!
푸드득
휘잉
푸드득
휘잉

휘리릭
휘잉
슬쩍
척
오! 붙였다!
팍
와! 대단해.
이제야 가는군.
귀찮은 새들이야.
계속 일하자.
흙과 돌이 더 많이 필요해!

잠시 후….
아!
돌아가려나 봐.
모두 이 줄을
잡아요.
츄아아
이때야!
타아
가자!

쇼아앙
지이잉
어어?!
포털이
작아지고 있어!
빨리 와…!
으아아아!

블랙레이즌맛 쿠키!
서둘러!
슈슈슈
앗!
야압!
출렁
츄학

파
이크! 하마터면 머리카락과 망토가 잘릴 뻔했어!
조금만 늦었어도 위험했겠어!
그래도 무사히 포털 안으로 들어와서 다행이야!
휴…
어서 빨리…. 으앗!
깜짝
!

두둥

이런….
로봇들이 우리가
들어오는 걸
다 지켜보고
있었구나.
저 쿠키들을
잡아라!
콰아
캉
에잇!
파
파파
퍽
퍽

모두 엎드려요!
무지개 연막탄 물약!
휙
콰
쾅
슉

됐어!
달려!!
쿵
쾅
쿠키들이
어디 갔지?!
안 보인다!
쿵쿵
빡
쿵
으윽!
나 때리지 마!!
다
다
다
다
다
다
끼
이익
으앗!
왜 그래?
저, 저길 봐!

치직
치직
치직
저, 저건
뱀파이어맛 쿠키가
달로 던진
건물이잖아?!
저게 왜
하늘에
매달려 있죠?!

건물이 하늘에 매달려 있는 게 아니고, 방어막 같은 것에 걸쳐 있는 거야!
그렇다면 우리가 본 달은 방어막이 만들어 낸 모습인가?
그럼 여기는….
휘 이 이 잉

여기 봐!
아래에 아무것도 없어!
우리가 서 있는 곳도
떠 있는 땅 위야!
히익~!
높다!!

이곳은
방어막에 싸인
하늘에 떠 있는
도시인 거야!

일단 납치된
우리 마을 쿠키들을
먼저 찾아야
될 것 같아.
그래!
로봇들을 피해
도시 중앙으로
들어가 보자!
스윽
파닥
파닥
척
자,
가자!
조심해!

멀리서 볼 땐 몰랐는데 건물이 되게 낡았다!
이러다 조만간 무너질 것 같은 느낌이야.
…….
왜 그래요, 용감한 쿠키? 뭔가 이상한 거라도 있나요?
아…, 치료사맛 쿠키 님. 벽돌에 새겨진 문양이 뭔가 낯설지 않아서요.
건물도 그렇고 성도…. 어디선가 본 것 같아요.
이렇게 오래된 도시를 어디서 봤어?

그게…
바닐라 왕국….
흙이
모자라다고!
뭐야?
쿠키
목소리예요.
흙이 턱없이
모자라!
저 쿠키는
우리 마을의
목수맛 쿠키야!
마을
쿠키라고?

맙소사…!
우리 마을 쿠키가
로봇에게 구박과
학대를 받으며
일하고 있었나 봐!
흙을….
크윽….
용서 못 해!
일단
참아!
더 가져오라고
며칠 전부터
몇 번을 얘기했는데
왜 안 가져오냐고!
그게….
가져왔는데
이런 흙은
안 된다며….
벽돌을 쌓으려면
황토 흙이
필요한데, 이건
모래흙이잖아!
황토 흙!!
알았어.
적어 갈게.
로봇이 무슨
수첩을 써?
컴퓨터니까
저장하면
될 거 아냐.
슥삭
슥삭

그리고 잘 때 추우니까
땔감이랑 이불도 좀
가져오라고 했잖아!
자다가 추워서 감기라도 걸리면
댁들이 책임질 거야?
쿠키들은 추우면
병에 걸린다는 사실을
몰랐어.
도대체 로봇이
아는 게 없어! 아오!
아무튼 잘 좀 하자고!
휭
알았어.
미안하다.
이게 대체
무슨 상황이야?
우리가 지금
뭘 보고
있는 거지?
저, 저기
목수맛 쿠키….
깜짝
어엇?

으아아!
블랙레이즌맛 쿠키 님!
어떻게 이런 이곳에…!
지금 여기서 무슨 일이 일어나고 있는 거예요? 왜 로봇을 구박하는 건데요?
다른 쿠키는 다 어디에 있고요?
다른 쿠키들은 각자 이 도시의 건물들을 보수하고 있어요.
이 도시를? 왜죠?
곧 저 하늘에 떠 있는 왕국에서 수많은 쿠키가 깨어난다면서 그전에 쿠키들이 살 수 있게 이 낡은 도시를 고치라는 명령을 받았거든요.
수많은 쿠키가 깨어난다고요?

수리 같은 건 로봇이 더 잘할 것 같은데? 굳이 쿠키를 잡아다 일을 시키는 건 또 뭐야?
로봇도 수리하고 있어요. 건물을 세운다거나 끊어진 다리를 잇는 큰 공사는 로봇이 하죠.
그런데 인테리어나 생활에 필요한 옷가지, 가구, 그릇 같은 건 로봇이 못 만들더라고요. 섬세한 기술은 없나 봐요.
그래도 혹시 이곳에서 로봇에게 착취를 당하진 않았나요?
착취? 당하고 있지요!
역시 그랬군요! 나쁜 놈들.

돈을 안 줘요!
노동을 시켰으면 정당한 임금을 줘야지! 숙식 제공만 해 주고 돈은 안 준다니까요!
일주일에 48시간, 주 4일제로 일하고 있긴 하지만요.
돈 안 주는 건 못 참지!
그런데, 저 왕궁의 쿠키들이 깨어난 다음엔 뭘 한다고 하던가요?
아! 왕궁의 주인이라는 자가 우리에게 이런 이야기를 했어요.
쿠키들아.
나는 이 왕궁의 주인이다.
우리 마을을 부순 원수!
우리를 납치한 자로구나!

너희 마을은 곧 완전히 사라질 것이다.
멈춘 시간이 풀리고 잠든 쿠키들이 깨어나면,
방어막을 풀고 너희 마을이 있던 자리로 내려가
제대로 된 왕국을 건설할 예정이거든.

그때가 되면 너희에게도
내 왕국의 국민이 되는
영광을 누리게 해 줄 테니,
그때까지 열심히 일하도록!
우리 마을 위에
왕국을
세운다고?

바닐라 왕국의
국민이 되는 그날까지
수고하라.
이렇게
얘기했어요.
바, 바닐라
왕국…!
내가 하려던 얘기가
그거였어!
벽돌의 문양!
그 옛날 내가 갔었던
바닐라 왕국과 모습이
비슷했어!
설마!
그러면 우리가 지금
고대에 사라진 왕국인
바닐라 왕국에
와 있다는 거야?
저기 하늘에
떠 있는 성이
바닐라
왕국인가?

그건 아니야! 내가 본 바닐라 왕국은….
저것보다 열 배는 더 크고 눈부셨어. 곳곳마다 눈부신 보석들로 장식되어 있고, 중앙에 있는 빛의 탑에선 백마법의 성스러운 빛이 항상 뻗어 나와 있었지.
이야…. 그걸 다 기억하고 있다니….
치료사맛 쿠키 님? 지금 뭐라고 하셨….
용감한 쿠키, 저는 아무 말도 하지 않았습니다.
전 칠리맛 쿠키예요.

아무튼! 우리 마을을 완전히 깔아뭉갠다는 얘기잖아! 어떻게 재건한 마을인데!!
맞습니다! 절대로 있을 수 없는 일이에요!
결국 이 모든 일의 진상을 알고 해결하려면 왕국의 주인이라는 자를 찾아야겠군요.
그자는 저 하늘에 떠 있는 성에 있을까요?
저길 어떻게 가? 날아갈 수도 없고.
아! 방법이 있어요.
!
최근 로봇들이 저 하늘의 성과 이곳을 오가는 임시 통로를 만들었다고 들었거든요.
거기까지는 제가 안내해 드릴 수 있습니다.

여깁니다.
아! 로봇들이 입구를 지키고 있어요!
어이! 로봇들!
쿠키가 여긴 웬일이냐?
저쪽에서 흙 다지는 걸 좀 도와줘야겠어.
그런 건 쿠키들이 알아서 해!

극심한
쿠키력 부족으로
도와줄 쿠키가
없다고! 같이 가!
으으….
확
알았다.
됐어!
가자.
다
다
다
다
피
융

두두두두
통로 만들 때
창문 좀 만들지!
답답해!
그래도
밖이 조금
보이긴 해.
가파른
길인데도
올라가기가
쉬워요!
이것도
마공학인가
봐요.
끝이 보인다!
힘내!!

번
쩍
나왔….
으아, 눈부셔!
쿠키들이여,
나의 왕국에 온 걸
환영합니다.
다, 당신이
이 왕국의
주인….
?!
으아,
당신은?!

눈앞에 나타난 퓨어바닐라 쿠키! 이렇게 만나게 된 걸까?

레벨업 퀴즈 1

용감한 쿠키 일행과 블랙레이즌맛 쿠키의 극적인 만남! 이들이 만나게 된 과정을 순서대로 나열해 보세요.

논리력

1

용감한 쿠키 일행은 붉은 달의 정체를 알아내려고 붉은 달로 향하다가 까마귀에게 지팡이를 빼앗긴다.

2

버려진 마을에서 재회한 용감한 쿠키와 친구들은 마을의 주민을 만나 붉은 달이 뜬 이후로 마을이 황폐해졌다는 사실을 알게 된다.

3

용감한 쿠키 일행은 지팡이를 되찾으려고 까마귀를 따라가다가 절벽에 쓰러져 있던 블랙레이즌맛 쿠키를 발견한다.

4

용감한 쿠키는 우연히 만난 치료사맛 쿠키와 함께 잃어버린 친구들을 찾아 버려진 마을로 간다.

(   ) – (   ) – (   ) – (   )

레벨업 퀴즈 ②

다음 글을 잘 읽고
선택지 중 옳지 않은 것을 고르세요.

문해력

블랙레이즌맛 쿠키는 버려진 마을의 파수꾼이자 수호자인 쿠키이다. 계속된 흉년과 들끓는 도적들 때문에 척박해진 마을을 위해 싸운 블랙레이즌맛 쿠키는 한쪽 팔을 잃으면서도 마을을 지켜 내 마을의 영웅이 되었다. 그러한 노력 덕분에 마을은 점차 살기 좋은 곳으로 변했다. 마을이 완전히 평화로워지자, 블랙레이즌맛 쿠키는 더 강해져서 돌아오겠다며 마을을 떠났다. 얼마 후, 마을로 돌아온 블랙레이즌맛 쿠키는 폐허가 된 마을을 마주하게 되고, 자기가 마을을 떠난 사이 붉은 달에서 나온 로봇들이 마을을 파괴하고 쿠키들을 잡아갔다는 사실을 알고, 자책하며 괴로워한다.

① 블랙레이즌맛 쿠키는 버려진 마을의 영웅이다.
② 블랙레이즌맛 쿠키는 붉은 달의 로봇들과 싸우면서 한쪽 팔을 잃었다.
③ 블랙레이즌맛 쿠키는 척박하던 마을을 살기 좋고 평화로운 곳으로 만들었다.
④ 블랙레이즌맛 쿠키는 붉은 달이 뜬 후로 마을이 폐허가 된 것이 자기 때문이라고 생각한다.

레벨업 퀴즈 ③

①과 ③의 그림을 보고, ②에 들어갈 수 있는 이야기를 자유롭게 그리거나 써 보세요.

창의력

1

2

3

레벨업 퀴즈 ④

갑자기 나타난 까마귀에 깜짝 놀란 쿠키들!
A 그림과 B 그림을 비교하며 다른 부분
다섯 곳을 찾아 보세요.

집중력

용감한 킹덤일보 13호

책 속 이벤트

블랙레이즌맛 쿠키 곁에 언제나 함께하는 존재의 정체는?!

폐허가 되어 버린, 버려진 마을의 영웅 블랙레이즌맛 쿠키.

블랙레이즌맛 쿠키와 언제나 함께하는 단짝의 존재가 알려져 세간의 관심과 부러움을 한몸에 받고 있다는 소식입니다.

그 단짝 친구는 블랙레이즌맛 쿠키가 어딜 가나 함께하며 힘이 되어 준다고 하는데요, 얼마 전 블랙레이즌맛 쿠키가 위험에 처했을 때는 쿠키들을 불러 모아 블랙레이즌맛 쿠키의 목숨을 구했다고도 알려졌습니다.

알 수 없는 사정으로 한쪽 다리를 잃었지만, 씩씩하고 영리해 블랙레이즌맛 쿠키의 절대적인 신뢰를 받는 이 존재의 이름은 무엇일까요?

정답을 맞히면 푸짐한 선물 있다고 전해져….

정답을 맞혀 **[용감한 킹덤일보]**에 제보해 준 독자 **20명**을 뽑아 선물을 드립니다.

▲쿠키런 킹덤 1000크리스탈 쿠폰 2개(20명)

▶ 쿠키런 킹덤 스톱워치 (20명)

- **참여 방법** ① 카카오톡 채널에서 '서울문화사 어린이책' 채널 추가한다.
  ② 이벤트 기간 동안 [용감한 킹덤일보 13호] 게시글을 읽는다.
  ③ [용감한 킹덤일보 13호] 링크를 누르고 질문에 답한다.
- **이벤트 기간** 2023년 7월 1일 ~ 2023년 7월 25일까지
- **당첨자 발표** 2023년 7월 31일
  (서울문화사 어린이책 공식 카카오톡 채널에서 게시글 공지)

※실제 상품은 이미지와 다를 수 있습니다.

킹덤일보가 만난 쿠키

버려진 마을 최초로 찐빵 가게를 연 쿠키
그날 먹은 찐빵의 맛 못 잊어!

버려진 마을에 따끈한 변화의 바람이 불기 시작했다는 소식입니다. 용감한 쿠키의 일행인 치료사맛 쿠키가 마을에서 굶주린 쿠키들을 발견하고 선뜻 찐빵을 내어주는 선행을 베푼 적이 있는데요, 이때 먹은 찐빵에 감동한 쿠키가 찐빵에 푹 빠진 나머지, 마을 최초로 찐빵 가게를 열었다고 합니다. 찐빵 가게 주인 쿠키는 "그날 먹은 찐빵은 정말 환상적이었다. 이 맛을 더 많은 쿠키에게 전하고 싶은 마음에 가게를 열었다."며 창업 동기를 밝혔습니다. 음식에 보수적인 마을이지만, 찐빵 가게 주인 쿠키의 진심이 통한 걸까요? 젊은 쿠키들을 중심으로 입소문이 퍼지기 시작하며, 방문하는 쿠키가 무섭게 느는 추세라고 합니다. 진빵 가게 주인 쿠키는 "계속 맛있는 찐빵을 만들어 낸다면 까다로운 어르신 쿠키들도 언젠가 마음을 열어 주실 거라 믿는다."며 자신감을 드러냈습니다.

따끈따끈한 찐빵을 들고 행복해하는 찐빵 가게 주인 쿠키.

레벨업 퀴즈 정답

퀴즈 ①

④-②-①-③
용감한 쿠키는 우연히 만난 치료사맛 쿠키와 함께 버려진 마을로 가 잃어버렸던 친구들을 찾는다. 그리고 그곳에서 만난 마을 주민에게 붉은 달이 뜬 이후로 마을이 황폐해졌다는 이야기를 듣게 된다. 용감한 쿠키 일행은 붉은 달의 정체를 알아내려고 붉은 달로 향하다가 까마귀에게 지팡이를 빼앗기고, 지팡이를 되찾으려 따라간 곳에서 블랙레이즌맛 쿠키를 만난다.

퀴즈 ②

②. 블랙레이즌맛 쿠키는 붉은 달의 로봇들을 마주하기 전에 이미 한쪽 팔을 잃었다.

퀴즈 ④

초판 1쇄 인쇄 2023년 6월 10일
초판 1쇄 발행 2023년 6월 30일

글 김강현
그림 김기수
발행인 심정섭
편집인 안예남
편집팀장 이주희
편집 양선희, 김정현, 김진영, 송유진
제작 정승헌
브랜드마케팅 김지선
출판마케팅 홍성현, 경주현
디자인 디자인 레브

발행처 ㈜서울문화사
등록일 1988년 2월 16일
등록번호 제2-484
주소 서울시 용산구 새창로 221-19
전화 02-799-9308(편집) | 02-791-0752(출판마케팅)

ISBN 979-11-6923-195-4
ISBN 979-11-6438-804-2 (세트)

SUGAR OCEAN
WHOLEGRAINIA
LAKE OF TRUTH
BLOODY JAM MOUNTAINS
SILENT OCEAN
SECRET FIG FOREST
COCONUT FOREST
GREENSALAD JUNGLE
JELLY SWAMP
SODA OCEAN
CANDYSTICK ARCHIPELAGO